L'HÉRITIER

DE NOS ROIS

PAR J. MICHEL

RÉDACTEUR EN CHEF DE *L'UNION FRANC-COMTOISE*

BESANÇON

IMPRIMERIE ET LITHOGRAPHIE DE J. JACQUIN

Grande-Rue, 14, à la Vieille-Intendance

1879

L'HÉRITIER

DE NOS ROIS

PAR J. MICHEL

RÉDACTEUR EN CHEF DE L'*UNION FRANC-COMTOISE*

BESANÇON

IMPRIMERIE ET LITHOGRAPHIE DE J. JACQUIN

Grande-Rue, 14, à la Vieille-Intendance

—

1879

L'HÉRITIER DE NOS ROIS.

I.

Le 14 février 1820, à six heures trente-cinq minutes du matin, le duc de Berry, deuxième fils du comte d'Artois et frère du duc d'Angoulême, rendait le dernier soupir à l'âge de quarante-deux ans et quelques jours.

La veille, 13 février, le duc et la duchesse de Berry étaient venus à l'Opéra. Vers onze heures, la princesse, éprouvant une légère fatigue, exprima le désir de rentrer au palais. Le prince venait de l'accompagner jusqu'à sa voiture et il allait remonter dans sa loge pour assister à la fin du spectacle, lorsqu'un homme arrivant brusquement sur lui, sans être aperçu, posa la main gauche sur l'épaule gauche du prince et de l'autre lui enfonça dans la poitrine un poignard aigu jusqu'à la garde.

« Je suis assassiné ; cet homme m'a tué ! » tel fut aussitôt le cri du duc de Berry.

Grand émoi et vives alarmes autour du prince.

On l'entoure, on essaie de le secourir, on le soutient.

La princesse, à peine en voiture, avait entendu le cri du duc de Berry. Elle se précipite vers lui et le couvre de sa tendresse. Le sang coulait à flots de la blessure. Le prince est porté dans un salon et assis dans un fauteuil.

Des médecins accourent, le célèbre Dupuytren arrive.

Hélas! la science devait rester impuissante. Le poignard avait produit d'horribles désordres. Le duc de Berry, à peine frappé, ne s'était point mépris sur son état.

« Mon amie, dit-il à Madame la duchesse de Berry, agenouillée auprès de lui et fondant en larmes, mon amie, ne vous laissez pas accabler par la douleur, ménagez-vous pour l'enfant que vous portez dans le sein. »

C'était la première révélation de l'événement. Les paroles du prince, entendues des amis fidèles qui étaient là, mornes et consternés, firent tressaillir les cœurs et poindre une espérance au moment où tout semblait compromis et perdu.

Le duc de Berry touchait à sa fin. Un prêtre appelé sur sa demande venait de lui administrer les derniers sacrements de l'Eglise, lorsque le bruit d'une nombreuse escorte de cavalerie fit comprendre au prince mourant que le roi, dont il attendait avec anxiété la venue, arrivait.

Dès que le prince le vit : « Grâce, lui dit-il d'une voix suppliante et à moitié éteinte, grâce pour l'homme qui m'a frappé. »

Louis XVIII ne fit qu'une réponse évasive, mais il prodigua à son royal neveu les sentiments de la plus vive et de la plus tendre affection. Les paroles de miséricorde partaient d'une âme héroïque qui n'a ni haine ni rancune et qui ne peut comprendre les représailles ; mais le roi, juge obligé et souverain de ceux qu'il gouvernait, voyant que, devant un si grand forfait, la miséricorde ne pouvait passer avant la justice, laissa, malgré lui, mourir le duc de Berry sans accorder la grâce implorée.

Toute la famille royale, éperdue de douleur, entourait la couche sanglante du duc de Berry ; tous les amis des Bourbons, qui avaient été prévenus, assistaient, en proie à la plus vive émotion, à cette triste agonie.

En voyant les maréchaux de France autour de lui, le prince leur dit : « J'aurais voulu verser mon sang sur un champ de bataille pour mon pays et au milieu de vous. »

Le duc de Berry rendit le dernier soupir dans les bras

de la duchesse de Berry. Il avait articulé dans son délire, a dit un auteur illustre, la prière inexaucée de son cœur. Il mourut dans l'acte du pardon. Héros de clémence, sa grande âme fut éclatante à sa mort et digne d'un fils de saint Louis.

Les sanglots, contenus jusque-là, éclatèrent. Louis XVIII, appuyé sur Dupuytren, s'avança vers la couche funèbre. Il ferma pieusement la bouche et les yeux de son infortuné neveu, et il s'éloigna, triste, profondément ému et sans proférer une parole.

L'homme qui m'a frappé est-il Français? avait demandé le prince au moment de l'assassinat.

Le duc de Berry avait pour sa patrie un si violent amour, son désir de la rendre glorieuse et prospère était si ardent, qu'il ne pouvait comprendre qu'un Français fût son ennemi.

L'assassin était Français. Louvel, tel était son nom. Il était ouvrier sellier. Vivement poursuivi après le coup fatal, il fut arrêté non loin de l'Opéra. Interrogé sur l'affreux attentat, il déclara qu'il nourrissait une haine implacable contre les Bourbons.

S'il n'eût pas été arrêté, il aurait de nouveau armé son bras pour frapper. Il voulait immoler jusqu'au dernier membre de la famille royale.

Il regardait les Bourbons comme les plus cruels ennemis de la France.

Lorsque ceux qui l'entouraient voulurent lui montrer l'énormité de son crime, il répondit : « Vous appelez crime ce que d'autres appellent vertu, et ils vivront plus que vous. »

Ce fanatisme ne se démentit jamais. Il déclara qu'il n'avait pas de complice, et il réclamait l'idée du meurtre et le meurtre lui-même comme un honneur.

Cet horrible assassinat effraya la France et l'Europe. On douta de l'avenir de notre pays et on ne fut qu'à moitié rassuré sur le présent.

Les Bourbons, qu'un scélérat venait de frapper dans le prince qui devait perpétuer la race, méritaient-ils le courroux des partis? Etait-il juste qu'une main vengeresse s'armât contre eux?

N'est-ce pas aux rois de cette dynastie que l'on doit la constitution de la France, la formation lente, mais constamment progressive, de cette grande nation?

Le premier de la race, Hugues Capet, en faisant prévaloir dans la succession au trône la loi de succession des fiefs au lieu de la loi germaine de partage, maintint, à chaque nouveau règne, au profit du pays, l'unité de territoire, la même politique et toutes les forces nouvelles acquises.

Le royaume attribué à l'aîné de la race, par ordre de primogéniture, comme dans la loi féodale pour la transmission des fiefs, avec le correctif de n'admettre l'hérédité que de mâle en mâle, laissait le royaume tel qu'il était à l'avènement du nouveau souverain, et, en perpétuant le même gouvernement, garantissait tous les intérêts.

Cette modification, si nécessaire pour la fixité et la perpétuité du corps politique et du corps social, devait avoir dans l'avenir la portée la plus féconde.

La féodalité avait acquis la toute-puissance par l'hérédité des fiefs qu'elle avait obtenus des débiles successeurs de Charlemagne. Elle se partageait le royaume et y régnait en souveraine, sans autre lien avec la royauté qu'un hommage dérisoire de dépendance.

Hugues Capet, un des grands seigneurs féodaux, étant devenu roi, commença cette politique aussi habile que profonde, qui devait être continuée par ses successeurs avec une égale prudence, et par laquelle la royauté reprit peu à peu ce qui lui avait été ravi. Hugues Capet y appliqua, le premier, ses rares talents; ses successeurs achevèrent l'œuvre; mais, il faut le reconnaître, c'est par le changement accompli dans l'ordre de succession au trône que le roi finit par acquérir la puissance qui, à la longue, réduisit à la soumission ceux qui étaient les vrais rivaux du souverain.

Les croisades hâtèrent le moment de l'émancipation de

la royauté. Il fallut aux seigneurs de grandes ressources pour équiper leurs troupes et s'équiper eux-mêmes. Ils contractèrent des emprunts, vendirent leurs domaines et même leurs prérogatives. Les vassaux les ayant payés pour devenir libres, formèrent entre eux une sorte d'association qui prit le nom caractéristique de commune, et le roi devint le garant des engagements souscrits.

La royauté y gagna un double droit d'intervention sur les affaires des seigneurs et sur la commune. Les rois, s'étant mis à la tête des croisades, habituèrent les plus récalcitrants à accepter leur domination, et comme la détresse d'un grand nombre de seigneurs fut grande à la suite de ces expéditions lointaines et ruineuses, la royauté, qui disposait toujours de grandes faveurs, se les attacha en les leur accordant comme une récompense.

Saint Louis porta à la féodalité un coup plus rude et plus décisif. Les seigneurs jugeaient les délits et les crimes commis sur leurs terres, mais le vassal condamné ne pouvait appeler au suzerain qu'en livrant un combat singulier au premier juge. La nécessité de ce combat paralysait tous les appels. C'était une entrave pour la bonne justice.

Saint Louis abolit le combat pour l'appel sur tous ses domaines, et, par une suprême habileté, parvint à faire admettre partout l'innovation en faisant consentir les seigneurs eux-mêmes à reconnaître le droit d'appel devant le roi sans bataille préliminaire. Il institua alors des tribunaux d'appel dans les diverses provinces, et les juges qui le représentaient prononçaient en dernier ressort.

La monarchie avait été pour ainsi dire démembrée par le régime féodal. Le fief appartenant à la femme, lorsqu'il n'y avait pas d'héritier mâle, était passé quelquefois, par des mariages, sous la domination de souverains étrangers. Il fallut des prodiges d'adresse et souvent de grandes guerres pour refaire le territoire national. La royauté y parvint, comme elle réussit à reprendre peu à peu les fiefs des grands vassaux.

Hugues réunit à la couronne ses grands domaines.

Le Berry fut acheté par Philippe Ier au prix de 60,000 écus d'or.

Philippe-Auguste prit aux Anglais la Normandie et la Lorraine.

Philippe III le Hardi réunit le Languedoc à la couronne à la mort de son oncle le comte de Poitiers, frère de saint Louis.

La Champagne lui est venue par le mariage de la comtesse Jeanne avec Philippe le Bel.

C'est à Philippe le Bel qu'on doit le Lyonnais.

Le Dauphiné a été vendu par Humbert II à Philippe VI de Valois.

Le Poitou, l'Aunis, la Saintonge et l'Angoumois ont été conquis sur les Anglais par Charles V.

La Guienne a été conquise sur les Anglais par Charles VII.

La Picardie et la Bourgogne ont été acquises par Louis XI.

L'Anjou a été légué à ce roi par le roi René, et la Provence par Charles du Maine.

François Ier a confisqué le Bourbonnais après la trahison du connétable de Bourbon.

C'est au même roi que l'on doit l'Auvergne et la Marche.

La Bretagne a été réunie à la monarchie par le mariage de François Ier avec la fille d'Anne de Bretagne.

Le Maine lui est venu à la mort du duc d'Alençon, frère de Henri III.

Le Limousin et la Gascogne vinrent à la couronne par l'avènement de Henri IV, aussi bien que le Béarn et le comté de Foix, qui formaient son patrimoine.

Louis XIV obtint le Roussillon et l'Artois par le traité des Pyrénées.

La Flandre et la Franche-Comté furent conquises par ce roi.

L'Alsace fut acquise à la France par les traités de Westphalie et de Ryswick, et la Lorraine après la mort de Stanislas Leczinski.

La Corse fut achetée par Louis XV aux Génois.

L'Algérie fut conquise par Charles X.

Est-ce que ces rois n'ont pas véritablement formé le royaume de France ?

C'est à eux que l'on doit l'éclat de notre civilisation. François Ier reçut le titre glorieux de père et de restaurateur des lettres. Il fonda l'imprimerie royale, le Collège de France, des chaires de latin, de grec, d'hébreu, de mathématiques, de philosophie et de médecine. C'est sous son règne que la langue française commença à prendre une forme régulière. Tous les rois ses successeurs continuèrent à protéger les arts et les lettres, et enfin Louis XIV, par sa magnificence et ses royales faveurs, fit naître et multiplier les écrivains et les artistes de première renommée, qui ont donné au monde d'inimitables chefs-d'œuvre et porté la gloire du nom français en tout lieu.

Un coup d'œil de Louis enfantait des Corneilles.

Le roi qui a été le plus mêlé à la révolution ne peut que désarmer la haine et les rancunes révolutionnaires, si les actes de son règne sont lus avec une sincère impartialité. Il a constamment voulu le bien de son peuple et les réformes que les temps nouveaux commandaient. Condamné à mort par le plus injuste des jugements, il a écrit un testament qui révèle la plus héroïque grandeur et la plus sublime résignation.

« Je recommande à mon fils, dit-il dans ce document fameux, s'il avait le malheur de devenir roi, de songer qu'il se doit tout entier au bonheur de ses concitoyens, qu'il doit oublier toutes haines et tous ressentiments, et nommément tout ce qui a rapport aux malheurs et aux chagrins que j'éprouve ; qu'il ne peut faire le bonheur du peuple qu'en régnant selon les lois ; mais, en même temps, qu'un roi ne peut se faire respecter et faire le bien qui est dans son cœur qu'autant qu'il a l'autorité nécessaire, et qu'autrement, étant lié dans ses opérations, et n'inspirant point de respect, il est plus nuisible qu'utile. »

La reine Marie-Antoinette, dans sa lettre à Madame Elisabeth, où sont exprimées ses dernières volontés, après sa condamnation à mort, ne fut pas moins admirable que le roi.

« Que mon fils n'oublie jamais les derniers mots de son père, que je lui répète expressément : QU'IL NE CHERCHE JAMAIS A VENGER NOTRE MORT. »

C'est un peu plus loin qu'elle remet son âme à Dieu avec une foi profonde en ses miséricordes :

« Je meurs, dit-elle, dans la religion catholique, apostolique et romaine, dans celle de mes pères, dans celle où j'ai été élevée et que j'ai toujours professée. N'ayant aucune consolation spirituelle à attendre; ne sachant pas s'il existe encore ici des prêtres de cette religion, et même le lieu où je suis les exposerait trop s'ils y entraient une fois, je demande sincèrement pardon à Dieu de toutes les fautes que j'ai pu commettre depuis que j'existe. J'espère que, dans sa bonté, il voudra bien recevoir mes derniers vœux, ainsi que ceux que je fais depuis longtemps pour qu'il veuille bien recevoir mon âme dans sa miséricorde... »

« Si tu devenais roi, dit un jour à Louis XVII l'horrible geôlier Simon, que me ferais-tu?

— Je vous pardonnerais, répondit l'enfant royal. »

Louis XVIII, après les plus étranges événements de notre histoire, revint en France occuper le trône de ses pères et montrer qu'un Bourbon peut être à la hauteur des situations les plus difficiles.

Il arrivait de l'exil au milieu d'une nation habituée à la gloire des champs de bataille. Il était impotent et goutteux. Il portait l'habit bleu comme un bourgeois de ville et deux épaulettes d'or. Des guêtres de velours rouge bordées d'un petit cordon doré enveloppaient ses jambes.

A la vue des maréchaux si illustres par leurs victoires, il voulut se lever, mais ses forces le trahirent. Les serviteurs de sa maison se hâtèrent de lui venir en aide. Il les repoussa du geste, et prenant le bras des deux maréchaux les plus rapprochés, il leur dit : « C'est désormais sur vous que je veux m'appuyer. Si jamais la guerre éclatait, tout goutteux que je suis, je me placerais au milieu de vous au plus fort de la mêlée. »

Au dîner, où les maréchaux se trouvaient, le roi but à l'armée française. C'est boire, ajouta-t-il, à la gloire et à l'honneur, et, dans une conversation brillante, il rappela les grands faits d'armes de ceux qui l'entouraient. Ces héros de cent batailles étaient étonnés de se sentir dominés par une intelligence d'élite. Ils comprirent qu'il y avait quelque chose de supérieur à la force : c'était la raison servie par le droit.

Le Sénat voulait que Louis XVIII commençât et datât son règne du jour où il le reconnaissait comme souverain. L'empereur Alexandre, séduit par le prince de Talleyrand, exerça une vive pression sur le roi pour le faire adhérer à ce dessein. Louis XVIII fut inflexible. S'il n'était pas roi, dit-il à son redoutable interlocuteur, par le droit de succession au trône ainsi que huit cents ans l'avaient établi pour ses prédécesseurs, il n'était plus rien, et ce que le Sénat aurait fait, un autre Sénat pourrait le défaire. Il n'y aurait plus alors de monarchie en France. Il retournerait plutôt en exil, ne voulant pas flétrir son nom et déshonorer sa race.

Le roi de France, sans armée, sans appui, entouré de formidables difficultés, n'hésitait point, en vue de faire prévaloir un principe sur lequel il ne pouvait transiger, à résister à un prince qui avait sous la main un million de soldats. Mais le sang de saint Louis et de Henri IV bouillonnait dans ses veines.

Il voulait bien donner à son peuple la liberté, mais il voulait rester roi comme les anciens rois de sa race.

Le prince de Talleyrand voulait que Louis XVIII jurât d'être fidèle à la constitution devant le Sénat : « Si je faisais ce serment, comme vous m'y poussez, lui répliqua Louis XVIII, vous seriez assis et je serais debout. Votre pouvoir serait supérieur au mien. » Le sang royal n'avait pas dégénéré en exil.

Louis XVIII fit la déclaration de Saint-Ouen, qui conte-

*

nait toutes les garanties nécessaires à une société bien ordonnée. La France entière applaudit à un acte qui révélait dans ce roi un prince qui sait comprendre son époque et les besoins des peuples.

C'est le 3 mai 1814 qu'eut lieu l'entrée triomphale de Louis XVIII dans Paris. Le peuple de Paris se livra ce jour-là, pour fêter le retour des Bourbons, aux manifestations de la joie la plus vive. C'était comme une réparation.

Louis XVIII mit pied à terre à la porte de Notre-Dame de Paris. Il termina sa réponse au prêtre qui le harangua par ces mots : « Fils de saint Louis, j'essaierai d'en imiter les vertus. »

Lorsque Louis XVIII, encore sans puissance, donnait à dîner aux souverains en possession de la France par leurs armées, il passait toujours le premier du salon à la salle à manger.

Avant même d'avoir rétabli les désastres de l'invasion, et lorsque l'étranger occupait encore tous les points fortifiés du territoire, il replaçait par son attitude la France à son rang véritable.

Il promulgua la charte, et, par cette constitution, il établit véritablement le gouvernement représentatif en France. Ce que la révolution avait été impuissante à créer, ce que l'empire n'avait donné qu'en apparence, Louis XVIII l'établit dans des conditions de sincérité et de liberté qui n'ont jamais été plus complètes.

Le retour de l'île d'Elbe arrêta l'œuvre commencée, mais Louis XVIII la reprit après la seconde invasion, et, quoique avec des charges nouvelles et des embarras plus grands, il sortit sain et sauf de toutes les embûches et des plus grands périls. L'existence même de la France avait été mise en question. L'idée de la partager était venue aux vainqueurs irrités. Si on ne la partageait pas, on voulait au moins la réduire à être un petit royaume en lui ravissant l'Alsace, la Lorraine, la Franche-Comté, le Bugey, une grande partie de la Champagne et la Flandre.

Louis XVIII intervint et dit à lord Wellington : « Milord, je croyais, en rentrant en France, régner sur le royaume de mes pères ; il paraît que je me suis trompé. Je ne saurais cependant rester qu'à ce prix. Croyez-vous, milord, que votre gouvernement consente à me recevoir si l'on me réduit à lui demander de nouveau un asile ? »

Ces paroles, dites avec une profonde émotion et avec un accent qui indiquait un cœur résolu, émurent l'empereur Alexandre qui assistait à l'entrevue : « Non, s'écria-t-il, Votre Majesté ne perdra pas ces provinces. »

Les souverains accueillirent les désirs de Louis XVIII. Ces provinces nous restèrent.

C'est par une intervention héroïque que Louis XVIII empêcha que le pont d'Iéna ne fût détruit par Blücher. Personne n'avait pu obtenir que le fougueux général en chef prussien consentît à laisser subsister ce monument. Louis XVIII lui fit demander le jour et l'heure de la destruction. Il voulait, au moment de l'éclat de la mine, être placé sur le pont même. Le farouche Blücher recula devant cette résolution royale et le pont fut conservé.

Il fallut l'habileté la plus grande et la plus rare intelligence pour organiser le gouvernement après les bouleversements profonds que la seconde invasion avait produits. Il était difficile de calmer et de contenir les passions à l'intérieur, d'apaiser et de satisfaire un ennemi irrité qui était maître absolu de la France et qui entendait exercer les plus terribles représailles. Louis XVIII réussit à dominer cette colère redoutable et à retirer la France des mains de l'étranger. Il la remit même peu à peu dans des conditions inespérées de grandeur et de bien-être. C'est lorsqu'il commençait à affermir son œuvre que le poignard d'un assassin atteignit le prince qui devait un jour la continuer et l'agrandir. Le pays aurait dû tresser des couronnes à la race royale qui rendait de tels services. Le fanatisme aveugle et cruel ne lui réservait que la mort violente. Le duc de Berry, frappé pour ne plus se relever, avait annoncé une espérance. Elle allait se réaliser.

II.

Le 29 septembre, à cinq heures du matin, tout à coup la voix éclatante du canon réveilla les habitants de Paris encore à moitié endormis. Le frémissement fut universel. On savait que l'heure de la délivrance de la princesse n'était pas loin. Chacun comprit que cette heure était venue. Etait-ce un prince, était-ce une princesse ? Les Bourbons de la branche aînée allaient-ils s'éteindre ? Au treizième coup, l'anxiété fut extrême. Ce n'était que treize coups pour une fille. Telle était l'étiquette du temps. Au quatorzième coup, il y eut une explosion d'allégresse. La race n'avait donc pas été frappée jusque dans ses forces vives par l'assassin du 14 février ! Un prince allait continuer les traditions de nos pères et faire revivre Henri IV.

Une foule empressée et immense se porta aussitôt par toutes les rues, comme les flots d'un fleuve majestueux, vers les Tuileries, et s'associa par ses transports à la joie de la famille royale. La princesse, pleine de reconnaissance pour ces marques d'amour, donna ordre, à six heures du matin, d'ouvrir les portes de son appartement, et le peuple, ravi d'un semblable privilège, défila devant le berceau du nouveau-né qui devait être son roi et notre roi.

Les acclamations enthousiastes ne cessaient point autour du palais. Le vieux roi, ému jusqu'aux larmes, se présenta entouré de sa famille au grand balcon des Tuileries. Les transports redoublèrent. Louis XVIII fit signe de la main qu'il voulait parler et un silence profond se fit aussitôt. Le monarque dit à la foule :

« Mes amis, votre joie centuple la mienne. Un enfant nous est né. Il sera un jour votre père. C'est alors qu'il vous aimera comme je vous aime, comme ma famille vous aime. »

L'opposition qui déjà était menaçante parut un moment s'apaiser. La venue du royal enfant faisait entrevoir un nouvel avenir et des jours fortunés pour la nation et pour l'Europe elle-même.

Le nonce, en félicitant le roi au nom du corps diplomatique, lui dit en montrant le berceau où reposait l'héritier de la couronne :

« Voici le plus grand bienfait que la Providence la plus favorable a daigné accorder à la tendresse de Votre Majesté. Cet enfant de souvenirs et de regrets est aussi l'enfant de l'Europe. Il est le présage et le garant de la paix et du repos qui doivent suivre tant d'agitations. »

Lamartine composa une ode qui commençait par ce vers fameux :

Il est né l'enfant du miracle.

Victor Hugo composa, lui aussi, une ode où le duc de Bordeaux était annoncé comme arrêtant la tempête :

Quand les nochers, dans la tourmente,
Jadis voyaient l'onde écumante
Entr'ouvrir leur frêle vaisseau,
Sûrs de la clémence éternelle,
Pour sauver la nef criminelle
Ils y suspendaient un berceau.

Louis XVIII, prévenu à trois heures vingt minutes du matin que la duchesse de Berry venait de mettre au monde un prince, se rendit sans retard auprès de la princesse, et en lui présentant un bouquet de diamants il lui dit : « Ceci est pour vous ; » puis, prenant entre ses bras le duc de Bordeaux, il ajouta : Ceci est pour moi, et aussitôt, avec une gousse d'ail qu'on avait fait venir de Pau, il frotta les lèvres du nouveau-né et lui fit boire quelques gouttes de vin de Jurançon. Henri IV, à sa naissance, avait reçu ce fortifiant. Louis XVIII voulait que le duc de Bordeaux fût un autre Henri IV. Le prince, son neveu et son héritier, a été élevé pour recommencer le Béarnais quand la France voudra.

Des fêtes brillantes eurent lieu au baptême du duc de Bordeaux. Le roi prodigua ses faveurs pour montrer la portée de l'événement et la joie que son âme éprouvait.

La nation s'associa aux sentiments du roi et offrit au jeune prince, comme gage d'amour et de dévouement, le magnifique château de Chambord, un vrai monument historique acheté par les souscripteurs au prix de un million cinq cent quarante-deux mille francs.

Louis XVIII mourut le 16 septembre 1824. Il avait cicatrisé toutes les plaies faites par l'étranger et placé la France au rang qu'elle devait occuper.

Partout le gouvernement français était écouté et considéré. Il avait fait malgré l'Angleterre, et avec une grande gloire, la guerre d'Espagne et replacé sur le trône un Bourbon qui en avait été dépossédé par la révolution. Louis XVIII avait dit : Louis XIV a abaissé les Pyrénées, je n'entends pas les laisser relever sous mon règne, et elles ne se relevèrent point.

Ce roi avait pour ainsi dire mis l'ordre où il n'y avait que désordre, et donné à une nation délabrée une étonnante grandeur et un merveilleux bien-être. Son règne avait été court, mais fécond.

A peine Louis XVIII fut-il mort, à quatre heures du matin, que ceux qui avaient assisté à l'agonie s'écrièrent selon la coutume : Le roi est mort, le roi est mort... vive le roi !

Le mort, avec la monarchie légitime, saisit le vif et prévient les troubles qu'une succession incertaine fait naître.

Charles X continua la politique de son frère avec autant de fermeté que de mesure. Son avènement ne provoqua aucune manifestation hostile. Il fut même sacré à Reims avec un grand appareil, et l'auguste cérémonie s'accomplit avec toute la pompe royale, sans que les partis en troublassent le religieux et imposant caractère. La restauration de la race des Bourbons était admise par la nation.

Plusieurs événements ont illustré ce règne.

Par l'indemnité accordée aux émigrés, et dont le principe avait été admis sous Louis XVIII, Charles X consolidait la propriété et abolissait cette distinction, funeste pour la paix intérieure, entre ceux qui possédaient les biens venus de la confiscation et ceux qui y avaient droit par la légitimité des héritages.

Les finances de l'Etat étaient devenues florissantes malgré les charges laissées par la double invasion, et la prospérité du pays avait pris un tel essor que jamais on n'a vu depuis une semblable situation de la fortune publique.

L'émancipation de la Grèce est due en partie à Charles X. C'est par la flotte anglaise, par la flotte française et par la flotte russe que fut remportée cette victoire navale de Navarin qui, en une demi-journée, coula à fond ou détruisit la formidable flotte, supérieure en nombre, dont l'implacable sultan Mahmoud disposait.

Mais c'est à Charles X seul qu'est due la conquête d'Alger et la suppression du tribut honteux que l'Europe entière payait à un pirate pour être affranchie de toute déprédation sur mer.

Le dey d'Alger avait insulté le consul de France dans une audience publique. Charles X, selon les traditions françaises et les habitudes de fierté de sa race, voulut une réparation en rapport avec l'offense.

Chose inouïe et difficile à croire, l'esprit de parti se mit en travers de cette volonté souveraine si pleinement d'accord avec le sentiment national de tous les temps. Il fallut vaincre de vives résistances jusque dans les officiers de marine du grade le plus élevé.

Charles X, justement en courroux à la vue de ce refus de concours, s'écria un jour : S'il faut descendre jusqu'à un capitaine de frégate pour commander l'expédition, j'y descendrai.

L'Angleterre s'y opposait et faisait de sourdes menaces.

Charles X n'y eut aucun égard. Le ministre de la marine, au milieu d'une vive altercation avec le ministre anglais, lui fit savoir à quel point de la mer la flotte française se trouverait à un jour qu'il indiqua, pour que la flotte anglaise s'y rendît si elle voulait livrer bataille.

La flotte anglaise ne quitta point son mouillage, et Alger fut pris avec une rapidité qui étonna l'Europe et le monde. L'armée de terre et l'armée de mer se couvrirent de gloire, et pendant que le drapeau blanc, arboré sur les minarets des mosquées musulmanes, annonçait la fin du règne des corsaires, Charles X était renversé à Paris par une émeute triomphante. Il donnait un nouveau royaume à la France, et, à ce moment même, on l'expulsait de celui que les rois ses aïeux avaient créé.

Le roi se dirigea vers l'Angleterre. Il avait avec lui la famille royale, dans la plus morne douleur, et le jeune prince, duc de Bordeaux, sur la tête duquel allaient reposer désormais toutes les espérances des Français restés fidèles au principe et au malheur.

L'accueil du gouvernement anglais fut peu sympathique. Il manqua presque de politesse. Louis XVIII et Charles X s'étaient montrés fiers et indépendants à l'égard de nos vieux rivaux, et ils avaient acquis à la France en Europe une influence prépondérante. L'Angleterre se réjouit de leur chute comme d'une victoire pour elle-même. Elle ne pouvait mieux célébrer la gloire des Bourbons.

Après deux ans de séjour en Angleterre, Charles X partit pour l'Autriche avec la famille royale et vint habiter à Prague un magnifique palais que l'empereur lui avait offert. Là, comme en Angleterre, le duc de Bordeaux se livra aux études et à des exercices qui fortifièrent sa robuste constitution. La famille royale captivait les cœurs par son admirable bonté, par la simplicité et la noblesse de ses manières, et le duc de Bordeaux faisait pressentir aux observateurs les plus sévères qu'à son titre d'héritier de la plus illustre race il unirait de mâles vertus et le savoir nécessaire à un grand souverain.

Les progrès du jeune prince furent merveilleux. Il étudiait plusieurs langues à la fois, et jamais il n'en confondait ni le génie, ni le caractère, ni les mots, ni les tournures. Dans les arts, dans les lettres et dans les sciences, ses succès furent aussi grands que rapides.

Lorsqu'il avait à peine quatorze ans, Chateaubriand vint à Prague porter ses hommages à Charles X. Le célèbre écrivain vit M. le duc de Bordeaux et lui fit subir un examen. Lui, vieux courtisan du malheur, défenseur émérite et brillant de la légitimité, pouvait prendre cette prérogative. Il dit à son retour en France :

« Parmi les enfants extraordinaires que j'ai vus, aucun ne m'a tant étonné que M. le duc de Bordeaux. »

Après les études classiques, le jeune prince aborda les parties de la science qui se rattachent au gouvernement et aux intérêts des peuples. Il y porta sa vive intelligence, et, en quelques années, il devint un des hommes les plus accomplis de son temps. Il a continué ce travail jusqu'à nos jours et, en ce moment, peu d'hommes savent ce qu'il sait.

Sa vie politique commença avec son voyage à Rome. Il avait déjà visité tous les champs de bataille de l'Europe avec des généraux et des officiers expérimentés, pour compléter son instruction militaire. Ses études avec des maîtres étaient finies. Le moment était donc venu pour lui d'agir, de parler et de travailler selon son inspiration et son initiative.

Il ne savait s'il était prisonnier ou libre en Allemagne. Il ne redoutait point le mauvais vouloir du gouvernement autrichien, mais il pouvait craindre la pression du cabinet des Tuileries sur celui de Vienne. Pour trancher la question, il partit sans passeport, et on ne le savait point parti encore qu'il était déjà à Rome, où il avait fait louer un palais pour trois mois.

Son entrée dans les salons des familles patriciennes fut comme un triomphe. L'éclat de sa figure, son attitude pleine de grandeur et de simplicité, ravirent les plus prévenus. Le descendant de tant de rois semblait porter autour de son front l'auréole de toutes les gloires de la plus illustre des races. Mais de quelles idées avait-il été nourri ? Etait-il pour les mœurs de l'ancien temps ou avait-il compris les temps modernes? La préoccupation des esprits sur ce point délicat de son éducation prit fin promptement. Ses premières paroles montrèrent un prince mûr avant l'âge, aussi convaincu de la nécessité de la liberté et de l'égalité que des droits de l'autorité.

« Si j'étais sur le trône, disait-il, je voudrais être roi de France et non roi d'un parti.

» Je ne demanderais pas aux hommes ce qu'ils ont fait, mais ce qu'ils peuvent faire. »

Il a lu l'histoire de France avec l'esprit d'un juge qui cherche la vérité. S'il a vu le génie et les services des rois ses aïeux, il a condamné sans miséricorde les fautes et les faiblesses qui nous ont été si fatales. Avec cette indépendance de jugement même à propos des siens, il ne pouvait que plaire et être admiré.

Il visita les monuments de cette vieille capitale du monde païen, témoins muets d'événements si fameux. Il fut ému au souvenir d'un passé célèbre, mais les vicissitudes des choses humaines frappèrent plus profondément encore son esprit. Philosophe et moraliste au début de la vie, la cause de l'élévation et de la chute des empires lui apparut plus claire que jamais, et ce fils d'une si longue génération de rois, déshérité lui-même par l'injustice des hommes du plus glorieux trône de l'univers, loin des cours et si digne d'y avoir le premier rang, dégagé de toute préoccupation importune, mesurait d'un œil sûr la mystérieuse fortune de Rome et ses prodigieuses humiliations.

Saccagée plusieurs fois par les barbares, qu'elle avait si longtemps asservis, comme expiation pour ses sanglantes et cruelles persécutions, cette ville prédestinée n'avait dû son salut final et son illustration nouvelle, plus grande que l'illustration d'autrefois, qu'aux immortels triomphes des chrétiens et à l'impérissable victoire de la croix sur le monde idolâtre.

L'Eglise avait pris entre ses mains divines ces sauvages envahisseurs de l'empire romain, conquérants étonnés de leurs propres victoires sur la vieille et redoutable dominatrice des nations, et elle les avait soumis à ses douces lois. Ces foules incultes et barbares avaient connu et compris alors l'admirable civilisation qu'elle apportait au monde. « Courbe ton front, fier Sicambre, et adore ce que tu as brûlé et brûle ce que tu as adoré. » Les vainqueurs et les vaincus avaient mêlé leurs destinées, et, sous l'onction sainte, il n'y avait plus eu qu'une société pacifiée et unie. La famille avait été fondée, et de grandes vertus avaient brillé là où les impurs mystères des divinités du paganisme s'accomplissaient avec des ignominies toujours croissantes.

M. le duc de Bordeaux vit à Rome ces deux sociétés, l'une d'après les débris grandioses qu'elle a laissés, et l'autre dans les œuvres divines que l'Eglise a enfantées, qu'elle vivifie et perpétue. Si le fils de saint Louis se souvint des actes mémorables que les rois très chrétiens ont accomplis en faveur de l'Eglise, il dut avoir l'âme consolée. On put entrevoir, à travers les protestations filiales qu'il adressa au vicaire de Jésus-Christ, que s'il remontait sur le trône, l'épée de Charlemagne ne resterait pas inactive dans le fourreau si le péril arrivait pour l'œuvre du Christ.

A son retour en Allemagne, un terrible accident faillit lui coûter la vie. Son cheval, vif et ombrageux, n'obéit plus subitement à son cavalier. Le prince, voulant le réduire, lui mit les éperons dans le ventre. Le cheval se cabra et se renversa sur lui. De semblables chutes sont ordinairement mortelles. Le prince eut seulement le col du fémur gauche fracturé. Il supporta avec un rare héroïsme les douleurs que cette grave blessure lui fit éprouver. On put voir dans cette épreuve la fermeté de son âme et la trempe de son caractère.

Ce fut en 1843 que M. le duc de Bordeaux visita l'Angleterre. Le prince avait prié Chateaubriand de venir lui apporter ses conseils puisqu'il ne pouvait pas venir en France les chercher auprès de lui. L'illustre auteur du *Génie du christianisme* avait été le plus renommé et le plus éloquent défenseur de la légitimité, mais il n'avait jamais séparé cette grande cause de la cause de la liberté. L'invitation du prince indiquait le désir de rendre hommage autant à une grande gloire et à de grands services qu'aux idées d'un des hommes les plus célèbres et les plus justement populaires de notre histoire contemporaine.

Chateaubriand le comprit à la première entrevue. Le prince ne voulait avoir que la politique qu'il avait toujoursconseillée. Chateaubriand, touché et ravi, pronostiqua pour la France les jours les plus glorieux si son pays savait comprendre où étaient ses intérêts.

Un jour, M. le duc de Bordeaux se trouvant au milieu de nombreux Français qui étaient venus le saluer sur la terre étrangère, leur dit :

« J'aime la France parce que la France est ma patrie. Si jamais mes pensées se sont dirigées vers le trône de mes ancêtres, ce n'a été que dans l'espoir qu'il me serait possible de servir mon pays avec les principes et les sentiments si glorieusement proclamés par M. de Chateaubriand. »

Toutes les paroles du prince à Londres furent le développement de cette première manifestation.

Chateaubriand et tous les Français qui étaient avec lui revinrent d'Angleterre avec la croyance profonde que le petit-fils de saint Louis et de Henri IV serait un des grands rois de la monarchie si les Français lui rendaient son trône.

Tout pour la France et par la France, voilà la devise de Henri de Bourbon.

A ses yeux, les libertés nationales avec la monarchie sont aussi sacrées que les droits de la royauté.

III.

M. le duc de Bordeaux avait vingt-cinq ans lorsque M. le duc d'Angoulême termina dans l'exil une vie irréprochable et toujours dévouée à son pays. Charles X était mort avec les mêmes sentiments. Dans la bouche de ces deux princes, victimes de tant d'injustices et qui avaient subi tant d'ingratitude, on ne surprit jamais une parole amère. Quoique hors de France, ils n'ont jamais vécu que des souvenirs de la France et avec la préoccupation exclusive de ses intérêts.

M. le duc de Bordeaux, devenu chef de la maison de

Bourbon, prit le nom de comte de Chambord et déclara que jamais il ne renoncerait aux droits qu'il tenait de sa naissance, d'après les anciennes lois françaises ; mais pour fixer à l'instant même l'opinion publique sur sa pensée, le prince ajouta qu'il ne voulait songer à exercer son droit que lorsque la France en verrait l'utilité. « Tout pour la France et par la France. »

A dater de cet événement, M. le comte de Chambord prit une part plus ostensible à la politique. Il publia des lettres et des manifestes pour se montrer à son pays et à l'Europe tel qu'il était. Mais jamais on ne l'a vu courtiser la foule ni flatter son siècle. Il ne vise pas au trône comme un avide prétendant. Il parle pour faire comprendre comment il entend les questions et ses devoirs. Son pays le prendra s'il le juge utile. Lui n'essaiera point de s'imposer. Au lieu de fomenter des troubles dans une pensée d'ambition, il les apaiserait plutôt pour que sa patrie n'ait aucun mauvais jour à traverser.

Si une telle attitude l'a éloigné du trône, on peut dire qu'il serait difficile de montrer des sentiments qui le rendent plus digne de l'occuper.

« Partout et toujours, écrit-il un jour au duc de Noailles (22 décembre 1850), je me suis montré accessible à tous les Français sans distinction de classes et de conditions. Je les ai tous vus, tous écoutés, tous admis à se presser autour de moi. Comment, après cela, pourrait-on encore me soupçonner de ne vouloir être que le roi d'une caste privilégiée, ou, pour employer les termes dont on se sert, le roi de l'ancien régime, de l'ancienne noblesse, de l'ancienne cour ?.....

» J'appelle tous les dévouements, tous les esprits éclairés, toutes les âmes généreuses, tous les cœurs droits, dans quelques rangs qu'ils se trouvent et sous quelque drapeau qu'ils aient combattu jusqu'ici, à me prêter l'appui de leurs lumières, de leur bonne volonté, de leurs nobles et unanimes efforts, pour sauver le pays, assurer son avenir et lui préparer, après tant d'épreuves, de vicissitudes et de malheurs, de nouveaux jours de gloire et de prospérité. »

« Dépositaire du principe fondamental de la monarchie, écrit-il à l'illustre Berryer, je sais que cette monarchie ne répondrait pas à tous les besoins de la France, si elle n'était pas en harmonie avec son état social, ses mœurs, ses intérêts, et si la France n'en reconnaissait et n'en acceptait avec confiance la nécessité.

» Je respecte mon pays autant que je l'aime. J'honore sa civilisation et sa gloire contemporaine autant que les traditions et les souvenirs de son histoire. Les maximes qu'il a fortement à cœur, l'égalité devant la loi, la liberté de conscience, le libre accès pour tous les mérites à tous les emplois, à tous les honneurs, à tous les avantages sociaux, tous ces grands principes d'une société éclairée et chrétienne me sont chers et sacrés comme à vous, comme à tous les Français.

» Donner à ces principes toutes les garanties qui leur sont nécessaires par des institutions conformes aux vœux de la nation, et fonder, d'accord avec elle, un gouvernement régulier et stable, en le plaçant sur la base de l'hérédité monarchique et sous la garde des libertés publiques, à la fois fortement réglées et loyalement respectées, tel sera l'unique but de mon ambition. »

Dans une lettre écrite au duc de Lévis, nous trouvons le développement des mêmes pensées.

« Exclusion de tout arbitraire ; le règne et le respect de la loi ; l'honnêteté et le droit partout ; le pays sincèrement représenté, votant l'impôt et concourant à la confection des lois ; les dépenses sincèrement contrôlées ; la propriété, la liberté individuelle et religieuse inviolables et sacrées ; l'administration communale et l'administration départementale sagement et progressivement décentralisées ; le libre accès pour tous aux honneurs et aux avantages sociaux : telles sont à mes yeux les véritables garanties d'un bon gouvernement, et tout mon désir est de pouvoir un jour me dévouer tout entier à l'établir en France, et à assurer ainsi le repos et le bonheur à ma patrie. »

Il n'y a pas de prince en Europe qui comprenne mieux la nécessité d'unir l'autorité avec la liberté, et qui ait étudié avec plus d'intelligence et de discernement les besoins de notre époque. Loin des régions troublées de la politique, loin surtout des courtisans, il a lu l'histoire comme du haut d'un promontoire on voit passer et repasser les vagues agitées. Il a pu ainsi caractériser les événements du passé et les événements de notre siècle avec une rare indépendance d'esprit. Frappé dans sa famille, dans sa personne, dans ses intérêts et réduit à vivre loin de la France, lui, héritier et descendant des rois qui l'ont faite, il a voulu savoir comment ces grandes catastrophes, source de tous nos malheurs, s'étaient produites. Sur le trône cette étude eût été impossible; en exil il pouvait tout entreprendre et tout savoir. Il a tout su. Voilà la source de cette raison supérieure qui est en lui et qui éclate jusque dans ses moindres lettres.

Il a vu les hommes les plus célèbres de notre temps, même les adversaires du principe qu'il représente. Tous lui ont rendu hommage comme à un prince en qui l'on remarque tous les dons de l'esprit, toutes les qualités d'un cœur généreux et bienveillant et toute la sagesse de l'homme qui a été aux prises avec l'épreuve.

Il sera roi si ses concitoyens le rappellent, ou il restera en exil s'ils le méconnaissent, faisant des vœux pour son pays qui ne l'aura pas compris; mais jamais on ne le verra dans les complots et dans les aventures pour s'emparer par force ou par astuce du pouvoir. L'esprit public est aujourd'hui fort développé : on discute toutes les questions jusque dans le moindre hameau. La situation est nouvelle. Chacun, par les droits qu'il possède, peut concourir à son retour s'il le veut. On connaît maintenant tous les risques d'un événement, toutes les chances d'une position critique. Le peuple français peut voir où est le bien s'il veut juger, et il peut le produire s'il veut agir. C'est en considérant cette physionomie nouvelle des choses que M. le comte de Chambord dit : Tout pour la France et par la France. A elle de prononcer. Lui est prêt.

Quel que soit le sort que la Providence lui réserve, il n'aura jamais songé qu'à l'intérêt de sa patrie. Lorsque la révolution de 1848 survint et que les sombres appréhensions d'une révolution sociale se manifestèrent, quelles pensées agitèrent l'esprit et le cœur du petit-fils de Henri IV? Voyant les approches d'une affreuse tempête, il écrivit à ses partisans mêlés à la politique d'écarter pour ce moment de leurs préoccupations la question dynastique, et de veiller seulement au salut de la France et de la société en danger de périr.

En temps de révolution tout est possible; il pouvait plus qu'un autre espérer; lui, sacrifiant toute ambition, il veut qu'on pourvoie d'abord à des intérêts sacrés.

En 1873, la France attendait le comte de Chambord comme un sauveur. L'opinion publique, qui paraissait si hostile à son avènement quelques années et même quelques mois auparavant, fut tout d'un coup comme transformée.

La monarchie, dont il représente le principe avec une majestueuse grandeur, fut considérée comme pouvant seule restaurer la société française et lui rendre sa splendeur d'autrefois et cette puissance qui faisait dire au grand Frédéric : « Si j'étais roi de France, je voudrais qu'on ne tirât pas un coup de canon en Europe sans ma permission. »

Lorsque la guerre de 1870 était à sa fin, l'ennemi, maître de Paris et de la plus grande partie de la France, fut interrogé pour savoir quel pouvait être notre sort après nos cruelles et sanglantes défaites.

Mais qui pouvait traiter avec lui?

C'est alors qu'eurent lieu les élections de 1871, où le peuple français fut appelé à nommer des représentants ayant la redoutable mission de constituer un nouveau gouvernement, de réorganiser tous les services interrompus et de libérer le territoire envahi.

La propagande des partis ne put se produire. Les voies de communication étaient coupées et le péril était si grand, qu'à moins d'être ennemi de son propre pays il fallait songer au salut commun avant d'oser émettre une pensée se rapportant à un autre intérêt.

Tous les citoyens qui portèrent leurs votes dans l'urne électorale furent dominés par ce sentiment, et l'Assemblée constituante eut une majorité de quatre cents députés voulant la monarchie.

La monarchie pouvait donc être sans retard rétablie. N'était-ce point par cette restauration qu'il fallait débuter dans les travaux de la nouvelle Assemblée? Il s'agissait de négocier avec l'étranger; n'y avait-il pas nécessité d'avoir un gouvernement pour remplir cette difficile et délicate mission? Il fallait remettre en ordre toutes les administrations en désarroi. Devait-on y procéder autrement que par un pouvoir central qu'on pouvait dès ce moment constituer?

Il n'y avait point encore de division dans la majorité, et les princes d'Orléans se ralliaient au principe.

Mais il y avait dans l'Assemblée un homme d'un génie fatal, d'un esprit séduisant, fascinateur par les artifices de sa parole. Au premier coup d'œil il vit que si un gouvernement était organisé dès les premières séances, ce gouvernement serait la monarchie légitime, et il ne voulait point de la monarchie. Il ne fut pas assez imprudent pour dire quelle était sa répulsion. Son action eût été paralysée par la manifestation de sa pensée; mais il fit prévaloir l'avis de résoudre toutes les questions pendantes avant de songer à la constitution d'un gouvernement définitif. N'était-il pas opportun que l'autorité qui serait fondée n'eût, à ses débuts, ni luttes ni embarras, et que l'Assemblée prît pour elle seule les responsabilités dangereuses? Après les travaux réparateurs que l'Assemblée avait à accomplir, n'aurait-elle pas plus de maturité, d'expérience et de force pour l'œuvre si essentielle de la fin?

Ces arguments captieux, colorés par des discours habiles, trompèrent la majorité. M. Thiers fut écouté, et lui qui devait, comme chef de l'Etat, rester neutre, sortant de la réserve promise, prépara peu à peu, avec un art infini, la république, en écartant la monarchie qu'on pouvait sans délai proclamer malgré lui.

Cette action dissolvante n'avait pu détruire dans l'Assemblée les éléments épars d'une majorité pour la monarchie ; mais il fallait une main puissante pour les coordonner, et cette main ne se rencontra point.

L'Assemblée était à ses derniers jours, et le gouvernement n'était pas encore établi. Le parti républicain était en minorité. On ne pouvait donc songer qu'à la royauté légitime. L'Assemblée ne pouvait point se dissoudre sans laisser après elle un gouvernement durable, ou elle aurait été infidèle à son mandat.

Sous la préoccupation de ce devoir, quelques députés proposèrent de rendre à l'héritier des rois de France le trône de ses ancêtres. Cette pensée ne se manifesta point en séance publique. Elle fut exposée dans des réunions privées et y reçut grand accueil. La majorité des députés sembla comprendre qu'il n'y avait que cette restauration qui pût sauver le pays. Mais, au lieu d'y procéder par un vote solennel et rapide, elle eut la funeste pensée de vouloir négocier avec M. le comte de Chambord. Elle voulait obtenir des garanties et recevoir les engagements du prince. C'était tout compromettre.

M. le comte de Chambord avait exposé dans ses lettres et dans ses manifestes des idées tellement conformes au programme d'un gouvernement représentatif, constitutionnel et libéral, qu'il n'y avait à prendre avec lui aucune sûreté. Il est si droit et si ferme dans sa volonté, si loyal dans ses actes, si fidèle à sa parole, que c'était douter de lui et presque l'offenser que de l'interroger sur des principes affirmés par lui avec tant de solennité.

Au lieu de se fier à ses déclarations royales et de trancher d'un coup la question de gouvernement, on alla voir le prince comme pour connaître ses sentiments.

M. le comte de Chambord avait dit :

« Le drapeau blanc a flotté sur mon berceau, il flottera sur ma tombe. Je ne le répudierai jamais. »

Etait-il opportun de soulever la question pour demander au prince de se contredire, avec le risque certain de rompre les négociations dès le début ?

Elle fut soulevée néanmoins, et M. le comte de Chambord, interrogé, répondit qu'il ne rétractait rien de ses anciennes déclarations.

Le négociateur qui rendit compte des entrevues avec le prince, craignant de ne pouvoir d'abord faire accepter le drapeau blanc, ne rapporta pas en termes formels les nouvelles affirmations royales sur ce point de la discussion. Il ne dit rien contre la vérité, mais il ne dit pas la vérité en son entier. Il voulait, selon toute vraisemblance, à l'aide de l'obscurité qu'il laissait planer sur la question, mais qui laissait le champ libre aux commentaires, obtenir la restauration de la monarchie, pensant que cette œuvre essentielle étant faite, toute difficulté s'aplanirait.

Ce silence fit croire que le drapeau tricolore était accepté par M. le comte de Chambord, et des articles retentissants d'une presse à moitié suspecte l'annoncèrent avec fracas. Les votes de ceux qui proclamaient une semblable solution étaient nécessaires pour former la majorité qui devait dans quelques jours se prononcer pour le rétablissement de la monarchie.

M. le comte de Chambord ne voulut point devoir le trône à un pareil malentendu. Sa conscience s'y refusait et son respect pour la vérité lui imposait une rectification solennelle. Il la fit. C'est alors qu'il écrivit sa fameuse lettre de Salzbourg, en date du 27 octobre 1873, qui rétablissait sa situation mal indiquée.

Ceux qui provoquaient M. le comte de Chambord à parler connaissaient-ils ses vraies déclarations ? Ne rapportaient-ils pas son acquiescement au maintien du drapeau tricolore dans l'espoir que, poussé par le sentiment de l'honneur si vif en lui, il rendrait l'œuvre de la restauration monarchique impossible en rétablissant la vérité avec éclat ?

Ce serait là une manœuvre de parti tellement criminelle que nous ne pouvons l'admettre, quoique cette accusation ait été formulée. Nous n'admettons qu'une erreur née de la réserve gardée par celui et par ceux qui ne voulaient point compromettre l'œuvre entreprise.

La lettre de Salzbourg ne mentionnait que le maintien du drapeau blanc dans le programme du prince. Aucun des principes de liberté et d'autorité qui en forment le fond n'y recevait la moindre atteinte. La lettre de M. le comte de Chambord fut jugée pourtant comme inacceptable par une partie de ceux qui, quelques jours auparavant, avaient voulu rétablir le royal exilé sur le trône de France.

Cette brusque solution et cette rupture étaient-elles justes et fondées ?

Le drapeau blanc fut un épouvantail pour eux et ils crurent que la nation n'y souscrirait pas. Pouvaient-ils en être certains ?

Avant de passer à un autre système ne fallait-il pas savoir si le pays y mettrait obstacle?

Le rétablissement de la monarchie était regardé, par eux et par la France entière, comme une nécessité sociale, comme une œuvre de salut pour notre malheureux pays, et à propos d'une question simplement controversée, et même à leurs propres yeux incertaine, les délégués du peuple français repoussèrent sans discussion, sans information, un gouvernement qui, pendant dix siècles, après avoir formé le royaume, lui a donné toutes ses gloires et l'a véritablement placé à la tête des nations civilisées.

La question du drapeau agita aussi les esprits en 1814. Plusieurs ministres croyaient qu'il fallait conserver le drapeau tricolore. L'armée française, depuis vingt ans, s'était battue avec cet étendard. Si elle avait subi vers la fin de grandes défaites, elle avait remporté de grandes victoires sur tous les champs de bataille de l'Europe. On pouvait donc redouter avec quelque apparence de raison que le changement de drapeau n'amenât quelque résistance.

C'était une crainte sans fondement. Aux premiers coups de canon qui annoncèrent l'entrée de Louis XVIII, Paris se couvrit de drapeaux blancs, et la France, spontanément, imita Paris, avec les marques de la joie la plus sincère et la plus vive.

Nous aurions vu le même événement se reproduire en

1873. Il y aurait eu le même entraînement parce qu'il y avait le sentiment des mêmes nécessités. Il y a des situations qui font comprendre aux consciences les changements obligatoires dans les choses, avant qu'une loi les ait imposés. Tel fut le changement du drapeau en 1814 et en 1815; tel il aurait été en 1873 si on l'avait voulu.

Mais tous ceux qui avaient parlé de rétablir la monarchie n'avaient pas le dessein de consacrer leurs efforts au succès de l'entreprise. Plusieurs avaient des regrets et nourrissaient des espérances secrètes que la venue de M. le comte de Chambord aurait déjouées. D'autres, habitués à des expédients et à des combinaisons où les vrais principes sont sacrifiés, n'avaient pas la conviction irrésistible qu'il fallait que le représentant de la légitimité arrivât au trône pour le salut du pays. Il n'y avait de sincèrement dévoués que les royalistes de vieille date, et ils n'étaient pas assez nombreux pour proclamer à eux seuls la restauration de la royauté légitime.

La majorité, à dater de ce moment, n'eut plus de cohésion. Elle erra au hasard, et enfin ceux qui avaient déserté la cause de la légitimité pour la question du drapeau consentirent à donner leurs voix aux républicains pour proclamer la république. C'était une triste fin. Ils n'avaient pas voulu de M. le comte de Chambord avec le drapeau blanc, ils consentirent à accepter ou à voter la république avec le drapeau tricolore.

Ils aboutirent à cette conclusion, ne sachant comment s'y prendre pour laisser à la France un gouvernement avant de rentrer dans leurs foyers. Mais pour des monarchistes, être conduits à ce dénouement, n'était-ce pas le comble de l'humiliation?

Quant au prince qui porte sur son front le passé de quatorze siècles, dont les aïeux ont fait la carte de France et donné à notre pays la puissance et la renommée, il reste ce qu'il a toujours été, sans reproche.

Il n'a jamais brigué le trône, auquel sa naissance l'appelle, comme un ambitieux vulgaire; il n'a pas essayé de se créer un parti pour le saisir par la violence; il s'est borné et il se borne à en être digne. Il a gardé intact le principe salutaire qu'il représente, pour que la France le trouve au jour des difficultés ; mais il ne va pas au delà, laissant l'heure de l'application à sa patrie.

M. le comte de Chambord connaît son temps et les besoins de son époque ; personne ne serait plus propre que lui à résoudre les grands problèmes qui se posent ; mais il se borne à attendre l'appel de son pays, ne pouvant seul rien entreprendre pour l'œuvre réparatrice.

Il ne veut pas du trône à l'aide d'une erreur. En 1873, croyant n'avoir pas été compris, il a écrit une lettre pour mieux se faire comprendre. Il savait que cette franchise allait lui coûter la couronne. Il a mieux aimé être vrai que de devenir roi à l'aide d'une méprise.

Peut-on voir une âme plus noble et des sentiments plus magnanimes ? Si la patrie le méconnaissait de son vivant, l'histoire ne comprendrait pas un semblable oubli ; mais elle dirait qu'une nation réputée jusque-là comme intelligente a refusé, par le plus inexplicable aveuglement, de placer à sa tête, dans des moments d'une grande détresse, un génie tutélaire qui l'aurait conduite aux plus brillantes destinées.

Nous ne pouvons croire à une solution qui mettrait en péril nos plus grands intérêts.

La naissance inespérée et comme miraculeuse de M. le comte de Chambord, sa vie de plus d'un demi-siècle sans une faute, son esprit si étendu et si merveilleusement doué, la rectitude de sa raison, ses travaux persévérants pour être toujours plus digne de son pays, la sublime abnégation de sa conduite, la connaissance approfondie qu'il a des hommes et des choses, la fierté et la fermeté de son âme, les libérales et généreuses aspirations de son cœur, la force de ses principes, donnent à la personnalité du prince un caractère trop privilégié pour que la Providence ne destine pas l'enfant du miracle, l'enfant de l'Europe, comme il fut qualifié à sa naissance, au salut de la France et à un grand rôle dans le siècle dont il est une des plus pures illustrations.

Nous sommes à nos derniers essais. Après la république quel autre gouvernement que la monarchie le peuple français pourrait-il chercher? Nos pères l'ont gardée mille ans et non sans gloire. Leurs neveux y reviendront par l'indication même des événements, si Dieu veut encore une fois sauver notre nation, et un des plus dignes fils de saint Louis et de Henri IV montera sur le trône pour la fortune du nom français, sous le titre de

HENRI V.

Voilà le prince auquel nous gardons une fidélité qui ne cessera qu'avec notre vie!

BESANÇON, IMPRIMERIE DE J. JACQUIN.

www.ingramcontent.com/pod-product-compliance
Lightning Source LLC
LaVergne TN
LVHW020255230826
846091LV00006B/2421
9782011757463